AF363620

LA VÉRITÉ

SUR

OLIVIER PAIN

SON ROLE AU SOUDAN ET SON ASSASSINAT

PAR UN

Ex-Rédacteur au *Bosphore Égyptien*

***

DEUXIÈME ÉDITION
REVUE ET AUGMENTÉE
(Pour servir aux Enquêtes sur ce grave sujet.)

***

PARIS

CH. BAYLE, ÉDITEUR

16, RUE DE L'ABBAYE

1885

LA VÉRITÉ

SUR

OLIVIER PAIN

Son Rôle au Soudan et son Assassinat

———

Les circonstances dans lesquelles Olivier Pain, correspondant alors, à Lyon, de divers journaux parisiens, s'est rendu au Soudan, sont trop connues pour nous y arrêter longtemps.

On se souviendra qu'Olivier Pain, bien que brouillé depuis plusieurs années avec son ex-compagnon d'exil et d'évasion, M. Henri Rochefort, pria celui-ci de le recommander au *Figaro*. M. Rochefort s'exécuta aussitôt de bonne grâce ; et Oliver Pain partit pour l'Egypte en qualité de correspondant officiel du *Figaro*, non toutefois sans avoir assuré l'existence de sa jeune famille. Le fils cadet de M. Rochefort accompagna Olivier Pain jusqu'au Caire, où ils arrivèrent en avril 1884.

Ici les événements commencent à devenir moins connus : nous les détaillerons avec le plus d'exactitude et de clarté possible.

Le but unique que nous poursuivons est d'écrire sans passion, sans parti pris, et dans l'intérêt seul de la lumière et de la vérité.

La première question que l'on soit en droit de se poser est celle-ci : — Comment se fait-il qu'Olivier Pain, parti de Paris en qualité de correspondant officiel du *Figaro*, n'ait envoyé à ce journal que quelques lettres seulement, et ait cessé sa correspondance au moment où il franchit la frontière soudanaise ?

Dans notre esprit, il ne fait pas l'ombre d'un doute que Pain partit de Paris avec la conviction sincère, profonde de servir les intérêts d'une feuille dont il avait d'ailleurs à espérer tout profit. Qu'est-ce qui a pu modifier à ce point ses idées ? Il n'y a pas de doute que c'est le milieu dans lequel il s'est trouvé au Caire. Tous les lecteurs d'Egypte, sous les yeux desquels tomberont ces lignes, saisiront la pensée de leur auteur. Ils sauront, sans que j'aie besoin de les écrire, les noms des personnes dont les influences locales ont été assez puissantes pour s'acquérir le concours très précieux d'un homme brave, résolu, intelligent, tel qu'était celui qu'on avait sous les yeux. On donna des réunions, des soirées ; on produisit Pain et son compagnon dans des assemblées officielles ou officieuses ; bref, on s'acquit en entier et sans partage le concours de ce journaliste intrépide. Bientôt Pain partait pour le désert, remontant la rive droite du Nil, accompagné seulement de deux ou trois guides sûrs. On avait fait répandre le bruit, — et lui-même à plusieurs reprises l'avait déclaré publiquement, — qu'il se rendait auprès du Madhi Mohamed-Ahmed, dans l'intention louable d'user de son influence auprès de ce personnage, pour obtenir la mise en liberté de tous les prisonniers chrétiens en son pouvoir. Les Anglais ne pouvant s'opposer à une aussi honorable entreprise, n'inquiétèrent pas le voyageur, et lui laissèrent franchir sans encombre leurs lignes d'avant-postes dans la Haute-Egypte.

Le major Kitchener, de l'*Intelligence Department*, c'està-dire du service des renseignements, paraît s'être, dès le début, fort préoccupé du voyage de M. Pain. Il ne put se rendre à Karthoum, dit Kitchener. Qui l'en a empêché ? — C'est fort regrettable ; peut-être eût-il pu réussir à sauver du massacre Gordon, notre consul M. Herbin, et tous ceux qui périrent avec eux dans le sac horrible de cette ville. Il n'y a pas de doute aujourd'hui que, dès le premier jour de son départ du Caire, Pain n'ait été l'objet d'une surveillance minutieuse, d'un espionnage très actif de la part de l'étatmajor anglais. On flairait que cette idée humanitaire, mise en avant dès son départ, n'était pas absolument la seule et unique qui poussât notre compatriote à s'aventurer ainsi seul à travers ces déserts peuplés d'ennemis, de *rebelles*, comme les appellent les Anglais. On avait enfin, au quartier général de lord Wolseley, d'autant plus de suspicion à cet égard, qu'on savait par qui Pain avait été circonvenu au Caire ; on savait dans quel entourage il avait vécu, on savait enfin quelles étaient les inspirations qu'il avait dû puiser.

Il fallait un homme aussi fin, aussi habile, aussi adroit que Pain pour déjouer pendant si longtemps, comme il l'a fait, la surveillance dont il était l'objet constant ; il a fallu toute l'énergique trempe de son caractère, pour réussir dans l'entreprise dont il s'était chargé.

Nous ne suivrons pas, dans ses longues pérégrinations, dans ses courses aventureuses à travers les tribus, soit rebelles, soit amies, le hardi aventurier, poursuivant sa tâche avec une ténacité héroïque et la menant à bien, malgré les difficultés de toute nature semées à chaque instant sous ses pas. Kitchener, dans son Rapport au marquis de Salisbury, le fait aller à Obéïd, où il aurait rencontré le Madhi. Ce renseignement est en contradiction avec la première version donnée par le chef des Missions au Soudan, le P. Bonomi. Cet ecclésiastique, en effet, prisonnier du Madhi, puis mis plus tard en liberté, on ignore encore dans quelles circonstances, a, dans une lettre, insérée en italien, au mois de juillet, dans le *Bosphore Egyptien*, dit que Pain n'avait jamais vu le Madhi. Depuis, le P. Bonomi est revenu sur cette déclaration, et il a écrit dans son pays, à un journal de Mantoue, qu'il avait vu souvent Pain dans le camp du Madhi, où, ajoute-t-il, notre compatriote était fort bien traité.

Quoi qu'il en soit, à son retour d'Obéïd, où d'après Kitchener, Pain aurait pu se rendre, grâce à un inspecteur français des travaux sucriers, à Ermant chez les Bédouins, qui lui facilita ce voyage d'Obéïd, la surveillance dont il était l'objet fut plus active que jamais.

Maintenant, quel était le rôle que remplissait, dans ses pérégrinations multiples, Olivier Pain ? — Il est certain que, durant toute cette campagne, où les Anglais furent si éprouvés, et qui dura tout l'hiver 84-85, pour ne se terminer qu'au commencement de juin, le journal français le *Bosphore Egyptien*, publia souvent, soit sur l'attitude des rebelles, soit sur les positions des belligérants, des informations qui plongeaient chaque fois dans la plus profonde stupéfaction l'*Intelligence Department* lui-même.

Les feuilles anglaises d'Egypte ont même été plus loin : elles ont été jusqu'à dire qu'en Europe, à Paris, *à Naples*, on connaissait journellement les mouvements du Madhi et

d'Osman Digma, sans que l'état-major au Caire en eût le
moindre vent. Pourquoi : *à Naples ?* — Parce que c'est le
lieu de résidence de l'ex-khédive Ismaïl Pacha, père du khédive
régnant actuel. Le fait de prétendre qu'une alliance quelconque existât entre Mohamed Ahmed et Ismaïl, désireux
de susciter des troubles au gouvernement de son fils, à l'effet
de le faire déposséder à son tour, pour reprendre sa place,
peut être dans l'ordre des choses normal en Orient. Mais nous
ne serions pas assez téméraire pour l'affirmer d'emblée. Ce
qu'il y a d'incontestable, c'est que le Madhi avait de nombreux
partisans tant en Egypte qu'en Europe. Les journaux nous
ont appris encore ces jours-ci que, parmi les 4.000 madhistes
qui ont occupé Dongola, 800 étaient *armés de fusils* et qu'ils
traînaient avec eux sept *canons* : fusils et canons de modèles
différents de ceux de l'armée anglaise.

Chacun se rappelle l'arrestation brutale de Zobehr Pacha
et de sa famille au Caire, — du jour où l'on saisit une pièce
constatant qu'il entretenait des intelligences avec Mohamed
Ahmed *. Zobher est encore à Gibraltar. Enfin, nous nous
rappelons encore avec quelle insistance les feuilles anglaises
réclamaient l'arrestation du cheick El Senoussi, compagnon
de Zobher, et dont l'immense tribu s'étend, partie sur
l'Égypte, et partie le long du littoral neutre entre cette
contrée et la Tripolitaine **.

L'histoire jettera sans doute un jour lumineux sur les
points encore obscurs de cette néfaste campagne anglaise.
On y verra nettement dessiné alors le rôle joué par notre
compatriote, Olivier Pain. Pour aujourd'hui, on ne peut que
constater l'acharnement que mettent les autorités anglaises
à traquer celui qui, soit par le journal cairote avec lequel il
correspond, soit autrement, leur jette tant de bâtons dans
les roues. Enfin ce fut à un tel point que, désireux d'en
finir une bonne fois avec ce gênant personnage insaisis-
sable, impalpable, — on se décide au quartier général à
adresser aux populations indigènes sur le théâtre de la

---

* Un billet d'Olivier Pain, inséré dans un des derniers articles de l'*In-
transigeant* nous a révélé que cette pièce était une lettre dont Pain était
porteur pour Zobher Pacha, et dans laquelle on le recommandait ainsi
que Henri Rochefort à ce haut personnage. Ledit billet avait été volé sur le
cadavre du drogman de Pain.

** On a prétendu en Égypte que le général Boulanger avait fait arrêter
comme perturbateur ce cheick El-Senoussi, dans le sud de la Tunisie, et
qu'il l'avait fait interner à Gabès. Ce renseignement est absolument inexact.
ajoutons que les émirs du Soudan ont tout dernièrement offert à ce cheick
la succession du Madhi, mort ou disparu.

guerre, une proclamation mettant sa tête à prix. On ne s'est pas contenté de cela : le Consul général au Caire, sir Evelyn Baring, ayant, je ne sais comment, réussi à se procurer une carte photographique d'Olivier Pain, — on fit tirer au Caire des milliers de reproductions de cette carte, et on les dissémina à profusion.

Nous arrivons à la période critique, si controversée aujourd'hui, de la mort d'Olivier Pain.

Deux choses sont à discuter à ce propos : *la date* et *la nature*. D'abord la date. Pour nous, elle est indiscutablement établie sur des preuves irréfutables. Nous nous rangeons csmplètement *comme date*, à celle exprimée par M. Selikovitsch, laquelle concorde à peu près avec celle donnée par le P. Bonomi.

Les agents consulaires du Caire et le major Kitchener, eux, font remonter cette mort à l'hiver dernier, à six mois de temps. C'est manifestement impossible, et voici pourquoi. La mise à prix de la tête de Pain ainsi que la distribution de sa photographie reproduite ont eu lieu vers la fin d'avril de cette année 1885. (Lire le *Bosphore* de cette époque.)

Il est peu probable que l'état-major anglais, — et il eût connu ce fait, — ait fait rechercher un homme mort depuis quatre mois et mis sa tête à prix. Seconde preuve irréfutable : — que les autorités consulaires, dans le but de décharger *leur* journal, *le Bosphore Egyptien*, de la présomption de sédition, le nient ou ne le nient pas, la proclamation incendiaire du madhi, laquelle proclamation a déterminé le gouvernement anglo-égyptien à faire application au journal d'un décret de suppression non rapporté, — cette proclamation avait été *transmise* en arabe seulement au Caire *par Olivier Pain*. Or elle parut dans le *Bosphore* du 5 mai dernier ; le journal fut supprimé le 8. Donc, à l'époque où il l'envoya, — soit en mars, soit en avril, — Pain vivait encore. D'après Selikovitsch, ce serait le 18 avril qu'il serait mort [*].

---

[*] L'histoire de cette proclamation est assez singulière. Elle fut adressée par divers émissaires du camp du Madhi dont l'un tomba au pouvoir des Anglais. C'était justement le porteur d'un texte en *français*. Les autorités militaires n'eurent dès lors pas de doute qu'elle émanât de Pain ; et c'est probablement là ce qui les décida à faire mettre sa tête à prix. Au *Bosphore*, c'est vers le milieu d'avril qu'elle arriva, en texte *arabe*. Mais pour ne pas éveiller les soupçons, ce journal l'adressa à une gazette syrienne de Damas, le *Tarik*, qui la publia, puis, au Caire, il la reproduisit ensuite d'après le *Tarik*.

Remarquons ici que l'état-major anglais, dont faisait partie le major Kitchener, chef de l'*Intelligence department* a un intérêt égal à celui des autorités consulaires (qui se confond ici avec celui de la rédaction du *Bosphore*), à faire remonter cette mort à six mois au moins. Et, chose |curieuse, cet intérêt se trouve pour les Anglais comme pour le journal français exactement du même côté, à savoir : ne pas laisser supposer que la proclamation, parue le 5 mai, ait pu émaner d'Olivier : les premiers, pour ne pas être pris au défaut de surveillance, le second, pour ne pas prêter le flanc au reproche de sédition. Les calculs des uns comme de l'autre, sont déjoués par l'affirmation positive de M. Selikovitsch, et, d'autre part, par la première lettre du P. Bonomi, laquelle parvenait au Caire dans les premiers jours de juillet et relatait des faits se passant tout récemment.

Partant de ces données, on peut donc nettement affirmer que la date probable de la mort d'Olivier se trouve comprise entre le milieu d'avril et le milieu de juin

Reste à considérer le *genre* de mort qui l'a emporté. Ici, deux affirmations contradictoires très nettes, très précises sont en présence : celle de M. Selikovitsch d'une part, qui le fait fusiller à Debbeh, celle du P. Bonomi, qui le fait mourir de maladie dans les parages d'Omdurman, c'est-à-dire en route vers la Tripolitaine.

C'est probablement entre ces deux affirmations extrêmes qu'il faut chercher la vérité : le major Kitchener se disculpe d'avoir ordonné l'exécution, et d'y avoir assisté en personne. Seulement, ce que le major Kitchener ne réfute pas et ne saurait réfuter, c'est que la tête de Pain n'ait été mise à prix parmi les tribus. Et, comme le P. Bonomi ne nous indiquait pas tout d'abord quelle était la nature de la maladie dont est mort à Omdurman notre compatriote *.
— il est vraisemblable de supposer que cette maladie a été occasionnée par le couteau ou la matraque d'un ou plusieurs malandrins d'une de ces tribus.

Chose curieuse, le *Bosphore* a toujours soutenu, malgré la déposition de Bonomi, que Pain n'était pas mort. Ce journal a invoqué le témoignage d'un certain Bocchi ou Becchi, ébéniste italien, qui prétendait savoir où le retrouver dans la Haute-Égypte. On attend toujours Becchi.

---

* Depuis son retour en Italie, le P. Bonomi a raconté que Pain s'était cassé la colonne vertébrale en tombant en bas de son chameau. Il est étrange que les récits du P. Bonomi en Europe contredisent si formellement ses récits en Égypte,

En résumé, ce qui rendra très difficile l'élucidation du mystère qui plane sur la mort d'Olivier Pain, c'est la divergence des témoignages recueillis, suivant la source où on les aura puisés.

Il est toutefois deux témoignages bien graves pour les autorités anglaises auxquelles remonte la responsabilité de la mise à prix de la tête d'Olivier Pain, ce qui, au milieu de ces contrées, équivaut à une positive condamnation à mort. Ce fait est confirmé tant par le témoignage du P. Bonomi que par celui de Kitchener. Admettant même qu'il ait vu le Madhi et passé cinq ou six mois avec lui, Olivier Pain devait-il être considéré comme un de ses agents, et par conséquent, comme tel, soumis aux lois de la guerre et traité en vertu du droit des gens ? Eh bien, d'une part, le P. Bonomi annonce qu'il l'a vu dans le camp du Madhi, qu'il y était bien traité, mais que jamais Mohamed Ahmed ne l'*a chargé d'une mission quelconque*. D'autre part Kitchener déclare, d'après le témoignage du gouverneur de Berber, un moment prisonnier du Madhi, que ce dernier a *repoussé* toutes les offres de notre compatriote, disant qu'il ne voulait rien accepter d'un infidèle. C'est nettement établir que Pain n'était pas un agent de leurs ennemis ; que, par conséquent, les autorités anglaises, en mettant sa tête à prix, ou en le condamnant à mort, — ce qui revient au même, — ont commis un acte de cruauté et de sauvagerie inutile.

J'ajouterai plus : il est inepte et lâche de la part de ces officiers de s'être vengés de tant de revers si sottement subis, sur un de nos nationaux qui n'y était pour rien. Et dût-on ne rien attendre du cabinet timoré qui nous gouverne, il nous semble hautement urgent pour la presse de protester unanimement contre ce crime inutile de lèse-nation et de lèse-humanité.

Ch. BERGER.

Ex-Rédacteur au *Bosphore Egyptien*.

Paris, septembre 1885.

Voir le document reproduit ci-contre.

DOCUMENT

publié par le *Daily Telegraph* **du 4 avril**

ORDRE

Récompense de 50 livres sterling (1,250 fr.).

Cette récompense est offerte à celui qui livrera Olivier Pain (et ses papiers) mort ou vif.

Il est parti de Debbah sur un chameau, le 13 mars 1885. Voici son signalement : teint blanc, chevelure et barbe blondes, taille 5 pieds 7 pouces environ, yeux bleus, taille élancée, lèvres minces, expression de ses traits dure, réservé dans ses manières et son langage.

L'expression de ses yeux bleus est caractéristique.

Le 16 mars 1885.

Signé : G. F. WILSON,

capitaine.

13021. — Imp. Ch. Bayle, rue de l'Abbaye, 16, Paris.